DELIUS KLASING

Kurt Schubert

BILDER VOM SEGELN

Delius Klasing Verlag

Gewidmet meinem Sohn Nicolas von Oy

Das Titelbild zeigt eine Morgenstimmung am Gardasee kurz nach dem Start zu einer Centomiglia-Regatta. Während die Asso 99-Yachten im Vordergrund bereits unter Spinnaker mit Südwind (Ora) segeln, kreuzen die Yachten im Hintergrund noch unter Nordwind (Vento). Normalerweise tritt dieser Windwechsel erst gegen Mittag ein.

Die Deutsche Bibliothek – CIP-Einheitsaufnahme

Schubert, Kurt:
Bilder vom Segeln / Kurt Schubert. – 1. Aufl. –
Bielefeld: Delius Klasing, 2002
ISBN 3-7688-1381-9

1. Auflage
ISBN 3-7688-1381-9

Fotos: Kurt Schubert
Schutzumschlaggestaltung: Gabriele Engel
Layout: Ekkehard Schonart
Reproduktionen: Lithotronic, Frankfurt
Druck: Bentrup Druckdienste, Bielefeld
Printed in Germany 2002

Delius Klasing Verlag, Siekerwall 21, D - 33602 Bielefeld
Tel.: 0521/559-0, Fax: 0521/ 559-115
e-mail: info@delius-klasing.de
www.delius-klasing.de

INHALT

FAHRTENSEGELN

Wenn der Weg das Ziel ist

Über dem 2362 Meter hohen Niesen im Berner Oberland senkt sich die Sonne gen Westen. Der 50 Quadratkilometer große Thuner See, das Hausrevier der Berner zu Füßen dieser imposanten Bergpyramide, zählt zu den schönsten Segelrevieren der Schweiz. Ob mit Kajütboot oder kleiner Einmannjolle: Das Segeln auf Binnenrevieren mag stets Grenzen haben, dennoch hat jedes Revier seine ganz eigenen Reize und Besonderheiten.

Die meisten Aufnahmen dieses Buches entstanden auf Binnenrevieren in Mitteleuropa, viele davon auf Seen im Alpenraum.

Ein eingefleischter Küstensegler wird wohl nur ein mildes Lächeln übrig haben, wenn vom Fahrtensegeln auf Binnenseen die Rede ist. Denn aus seiner Sicht gleicht so ein Törn eher einer gemütlichen Kaffeefahrt als einer seglerischen Leistung. Streng genommen hat er damit sicher Recht, aber wie so vieles ist auch dies eine Frage der Sichtweise. Definiert man Fahrtensegeln nämlich als die Form von Yachtsport, bei der nicht das Ankommen, sondern der Weg das Ziel ist, dann spielt es letztlich gar keine Rolle, wo man segelt und welche Distanzen man zurücklegt. Das Motto lautet dann vielmehr: Segeln als Selbstzweck, als Spiel mit Wind und Wasser, als Dialog mit der Natur.

Hat man sich erst einmal vom allseits gegenwärtigen Leistungsdenken befreit, kann Fahrtensegeln eine der wunderbarsten Möglichkeiten sein, sich von eben diesem Leistungsdruck zu erholen und dafür wieder neue Energie zu tanken.

Der sportliche Wert des Binnensegelns scheint eher darin zu liegen, die Eigenheiten des jeweiligen Reviers zu erkennen und so zu nutzen, dass daraus ein möglichst intensives seglerisches Erlebnis wird. Denn hinsichtlich der Windverhältnisse hat jeder See gewisse Besonderheiten, die es zu ergründen gilt.

Dabei liegen Vorzüge und Tücken oft eng beisammen, wofür gerade mancher Alpensee ein gutes Beispiel ist. Bei Schönwetter oft mit herrlichen thermischen Winden gesegnet, können sie bei unbeständigen Wetterlagen völlig unberechenbar sein. Ursache dafür sind im Wesentlichen die sie umgebenden Berge und Hügel, welche die Sicht zum Horizont verstellen und Schlechtwettereinbrüche oder Gewitter oft erst erkennen lassen, wenn es schon zu spät ist.

Dann wird klar, warum man auch auf Binnenseen ohne eine gute Portion Seemannschaft schnell baden gehen kann.

Gesegelt wird heute, im Zeitalter totaler Mobilität, fast überall, ob auf kleinen Baggerseen oder im Hochgebirge, wo man selbst im Sommer vor plötzlichen Temperaturstürzen und Schneefall nicht sicher sein kann. Schnee und weiße Segel: Was für die Beteiligten in diesem Fall ein eher frostiges Vergnügen ist, fasziniert dafür das Auge des Fotografen.

Als Gegenstück zur alpinen Seenwelt ein Seglerparadies im Nordosten Deutschlands: die Mecklenburgische Seenplatte. Eine Vielzahl kleinerer und größerer Seen, fast alle durch Kanäle miteinander verbunden, bietet Segelvergnügen pur und dazu die Möglichkeit zu ausgiebigem Wasserwandern.

Im Mittelpunkt dieser herrlichen Region, einem Relikt der letzten Eiszeit, liegt die Müritz, mit 117 Quadratkilometern Fläche der Bundesrepublik größtes, rein deutsches Binnengewässer.

D
GER
915
GER
915

Wiederum eine eigene Seenwelt – sozusagen in der Mitte zwischen Gebirgs- und Flachlandseen – bilden viele Voralpenseen wie etwa der bayerische Tegernsee. Während ein Teil des Sees noch von Bergen umgeben ist, ragt der andere bereits ins Flachland hinaus.

Bei Hochdruck-Wetterlagen herrschen hier meist thermische Winde mit teils bis zu 5 Beaufort. Der ehemals olympische Drachen, der hier gerade die Kirche von Bad Wiessee passiert, zählt im Alpenraum nach wie vor zu den beliebtesten Klassen.

Morgenflaute auf dem Chiemsee. Nur hin und wieder füllt ein leichter Windhauch die Segel, und der Vorschiffsmann muss seine ganze Geschicklichkeit aufbieten, um den Spinnaker zum Stehen zu bringen.

Das »Bayerische Meer« ist – wie auch die anderen großen Voralpenseen – bei sommerlichen Hochdruck-Wetterlagen nicht gerade mit Wind gesegnet, doch vor allem im westlichen Teil mit seinen Buchten und Inseln (daher auch »Inselsee« genannt) bildet sich fast immer etwas Thermik.

Dank seiner kräftigen Thermik ist der Gardasee eines der herrlichsten Segelreviere der Alpen. Da können mitunter sogar größere Yachten wie diese hier in Bedrängnis geraten. Der im Bild nicht mehr sichtbare Spinnaker drückt das Boot nach Lee, und nur kräftiges Gegenruder (also Abfallen) kann verhindern, dass die Yacht aus dem Ruder läuft und sich auf »die Backe« legt.

Graniti
geom
Sergio
Dalle Nogare
BESENELLO
VERONA TRENTO

Segelspaß auf einer Asso 99. Die von dem Italiener Santarelli gezeichnete 9,9 Meter lange Regattayacht vermag offenbar auch sportliche Damen zu begeistern (oben).

Das aus Skandinavien stammende H-Boot (rechts) wurde eigentlich für die Küste geschaffen. Kurioserweise hat sich das Dreimann-Kielboot gerade auf unseren Binnenseen stark verbreitet und zählt auf vielen Revieren zu den stärksten Regattaklassen. Dass man damit auch beim reinen Freizeitschippern viel Spaß haben kann, demonstriert diese Crew.

YCU

Ein Gewitter zieht über den Bergen im Südwesten des Chiemsees herauf. Die Vorboten des Sturms haben die Yacht bereits erreicht. Nun wird es für die Crew höchste Zeit, ein Reff einzubinden und die Sturmfock zu setzen, denn in wenigen Minuten kann sich das sonst eher sanfte Gewässer in einen brodelnden »Whirlpool« verwandeln.

Der noch von den letzten Sonnenstrahlen beleuchteten kleinen Libera-Yacht steht dann ebenfalls ein heißer Tanz bevor.

HOBIE TIGER
HOBIE TIGER

Den klassischen Hobie-Katamaran, das weltweit verbreitetste Zweirumpfboot, kennt man vor allem als sportlichen Strandkatamaran mit den bereits legendären Bananenrümpfen (unten).

Die neuen Hobies wie der Hobie-Tiger (der Name ist übrigens abgeleitet von seinem kalifornischen Konstrukteur Hobie Alter) wird mit Gennaker, zwei Schwertern und zwei Mann im Trapez gesegelt – hier bei einer kräftigen Ora auf dem Gardasee.

Licht- und Schattenspiele auf drei verschiedenen Alpenseen. Ein Korsar auf dem bayerischen Walchensee (oben), ein Soling auf dem österreichischen Wolfgangsee (links) und ein FD auf dem Gardasee vor Riva (unten).
Die meist starken Hell-/Dunkel-Kontraste auf den von hohen Bergen umgebenen Seen erzeugen eine vielfältige Stimmungsskala von romantisch bis dramatisch.

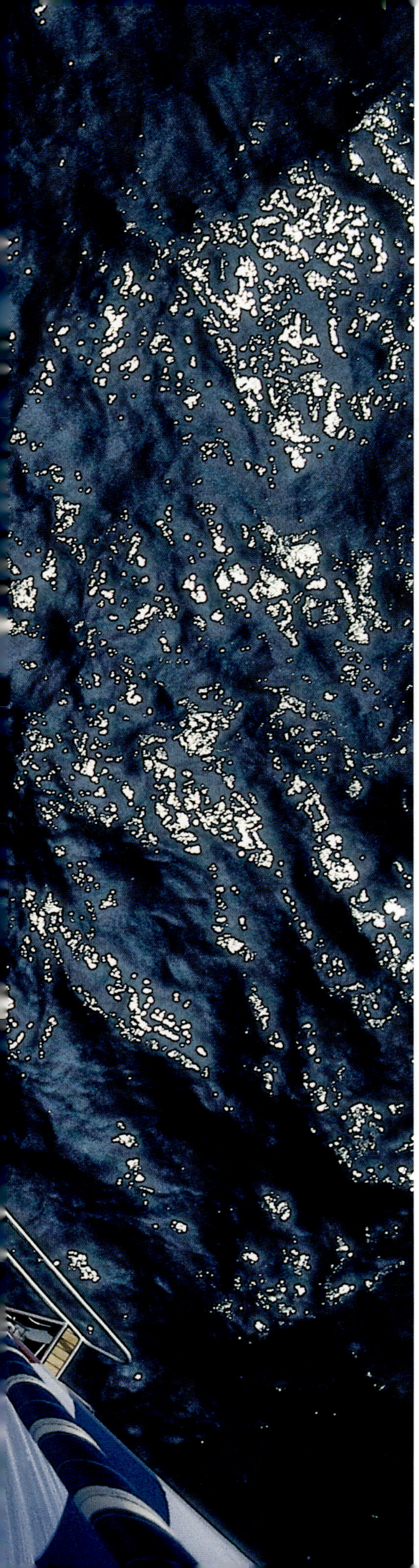

Hier werden Segelträume wahr: Urlaub, Sonne, Erholung pur. Solche Begriffe verbindet man wohl mit diesen Bildern.

Und hier wird deutlich, warum Segeln zu den schönsten und wirkungsvollsten Möglichkeiten zählt, sich vom Alltagsstress zu erholen. Der Weg ist das Ziel: Der Sinn dieses Spruches wird hier augenfällig.

Zweimal Urlaubsstimmung pur – einmal auf einer modernen Serienyacht vor der felsigen Nordküste Mallorcas, daneben in der Ägäis auf einem für Mittelmeertörns komfortabel umgebauten alten Kutter.

Sommertag am Attersee, dem größten Segelrevier im österreichischen Salzkammergut. Ein leichtes »Lüftchen« bringt die Segel des in der Flaute dümpelnden Jollenkreuzers gerade noch etwas zum Stehen. Der »Rosenwind«, der bei Hochdrucklagen meist gegen Mittag einsetzende thermische Schönwetterwind, lässt noch auf sich warten.

Sommerimpressionen von Bodensee und Starnberger See. Der Tag war heiß und der Wind spärlich, mehr ein Bade- als ein Segeltag. Wer jetzt, gegen Abend, nicht mehr mit dem letzten Windhauch den Heimathafen erreicht, muss den »Flautenschieber« anwerfen oder gar zum Paddel greifen.

Segelspaß auf dem Altmühlsee mit der Einmann-Kieljolle Fighter. Westlich von Nürnberg ist mit der »Fränkischen Seenplatte« ein künstliches Seenparadies entstanden, das vor allem segelbegeisterte Nürnberger und Stuttgarter zu schätzen wissen.

Die Windverhältnisse können sich zwar nicht mit denen des Gardasees messen (oben), doch die hier häufig herrschenden Westwind-Wetterlagen bescheren den Seglern auch viel Vergnügen.

Der so genannte »Altweibersommer«, der sich oft im September einstellt, kann den Seglern im Alpenraum noch herrliche Segeltage bescheren, bei noch fast sommerlichen Wasser- und Lufttemperaturen.

Die tückischen Wärmegewitter treten jetzt kaum mehr auf und machen das Wetter berechenbarer. Doch auch der Föhn tritt – je später im Jahr es wird – jetzt häufiger auf, oft zwar nur als laues, warmes Lüftchen, mitunter aber auch – wie hier rechts am Chiemsee zu befürchten – als handfester, wenngleich warmer Sturm. Wer darauf vorbereitet ist, kann damit freilich viel Spaß haben. Die Aufnahme oben entstand im Spätsommer auf dem ungarischen Balatonsee.

Nach einem herbstlichen Törn auf der Ostsee kehrt diese Yacht in ihren Heimathafen an der Schlei zurück. Golden glänzt die Wasserfläche im Abendlicht und erweckt eher den Eindruck eines großen Binnensees als den eines schmalen Schlauches von maximal drei Kilometer Breite. Mit ihrer Länge von stattlichen 43 Kilometern, darin zahlreiche Inseln und Buchten zum Ankern, zählt die Schlei jedoch zweifellos zu den besonders reizvollen Segelrevieren. Und die schmale Verbindung zur Ostsee verleiht Deutschlands nördlichstem Binnenrevier natürlich noch zusätzliche Attraktivität.

GAGA

REGATTASEGELN

Binnen beliebter als Buten

Zu den schönsten und windsichersten Regattarevieren Mitteleuropas zählt der italienische Gardasee mit seinen mächtigen Felsabstürzen im Norden – immer wieder Kulisse für Europa- und Weltmeisterschaften in den verschiedensten Klassen (hier Solings). Aber auch auf den Seen in Deutschland, Österreich und der Schweiz herrscht reges Regattaleben (im Bild oben Zugvögel auf dem Bodensee).

Als Arena für Fahrtensegler mit höheren Ansprüchen mögen Binnenseen untauglich sein, als Spielwiese für Regattasegler sind sie beliebter und frequentierter als die meisten Küstenregionen.

Verglichen mit der Regattaaktivität auf vielen Binnenseen herrscht an den Küsten von Nord- und Ostsee vielerorts »tote Hose«. Selbst in den Herzen der beiden größten deutschen Städte Berlin und Hamburg werden häufiger Startschüsse abgefeuert und Wendemarken gerundet als auf der Kieler oder Flensburger Förde oder vor Travemünde oder Warnemünde – es sei denn, in unseren maritimen Hochburgen findet gerade eines der großen »Events« statt.

Der Grund für dieses Missverhältnis lässt sich freilich leicht erraten. Auf den begrenzten Seen, wo man bei gutem Wind manchmal schon in wenigen Minuten das nächste Ufer erreicht, kann man letztlich nur im Kreise segeln. Mit anderen Worten: Das Regattasegeln drängt sich geradezu auf.

Das hat zur Folge, dass dort die Leistungsdichte in vielen Klassen ziemlich hoch ist und es heranwachsende Talente daher nicht leicht haben, sich durchzusetzen.

Wer es aber erst einmal geschafft hat, bringt die besten Voraussetzungen dafür mit, um auch auf Seerevieren bestehen zu können – vorausgesetzt, dass er lernt, sein Schiff auch bei Seegang schnell zu segeln und Strömungen zu erkennen. Die Fähigkeit genauer Windbeobachtung und eine exzellente Taktik hat er sich ohnehin schon auf den Binnenseen erworben.

Der Sprung vom Land aufs Meer scheint jedenfalls immer wieder zu gelingen, was überzeugend dadurch belegt wird, dass bei uns die Mehrzahl der Klassenmeister und Olympiateilnehmer seit jeher aus dem Binnenland stammt.

Zweimal Einmannjollen. Oben die Einsteigerjolle Optimist, mit der die Jugend in fast allen Ländern der Erde ihre seglerische Laufbahn beginnt.

Rechts zwei hoch am Wind segelnde Finn-Dinghys, langjährige Olympiaklasse, mit moderner transparenter Folienbesegelung.

Laser-Jolle beim Runden der Luvtonne. Hoch konzentriert hat der Steuermann der kleinsten Olympiaklasse bereits im Moment des Abfallens das Schwert hochgezogen, um die flache Flunder auf dem folgenden Vormwindkurs möglichst rasch in maximale Gleitfahrt zu bringen. Die von dem Kanadier Bruce Kirby entworfene Einmannjolle ist heute neben dem Optimisten die weltweit verbreitetste Regattaklasse.

SEIKO
C. Burrough
SEIKO
Laser 5000

Großes Gedränge herrscht oft bei den Regatten auf dem Silvaplanasee bei St. Moritz in der Schweiz (hier Laser 5000-Jollen). Dennoch genießt der kleine, auf über 1800 Meter Höhe liegende See beim Regattavolk einen hervorragenden Ruf. Ursache ist der Maloja-Wind, der bei Schönwetter regelmäßig über den gleichnamigen Pass ins Hochtal bläst.

G-27
TS-3137

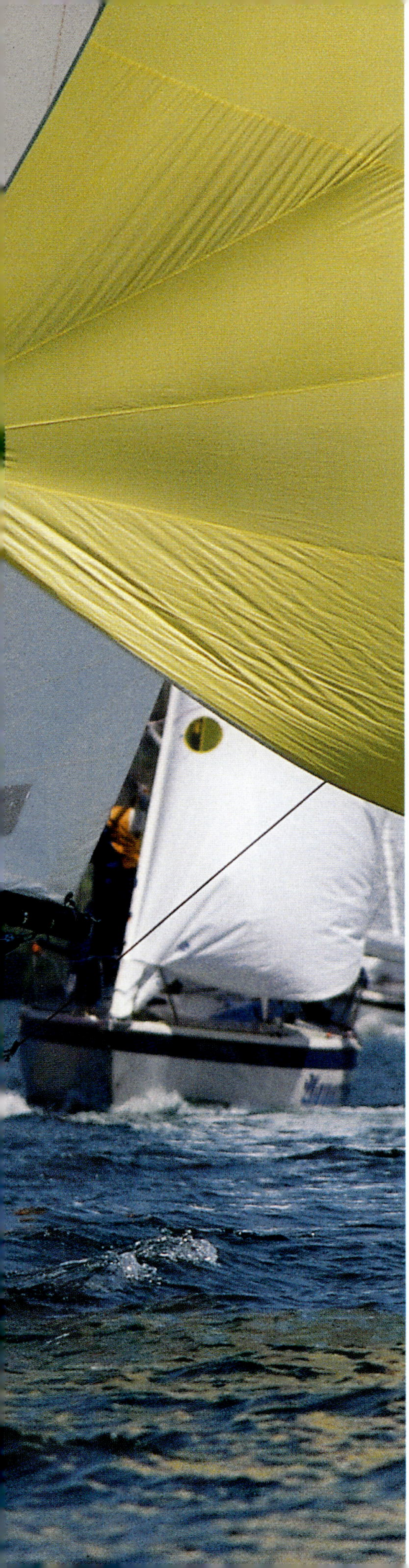

Die berühmte Strophe: »Warum ist es am Rhein so schön« könnte man noch durch den Zusatz erweitern: »...weil man darauf sogar Regatten segeln kann!« (hier vor dem Kölner Dom).

Außerdem Sprinta-Yachten unter Spinnaker und – was natürlich auch vorkommen kann – eine wegen Flaute abgebrochene Starboot-Regatta auf dem Ammersee.

Zugvögel bei einer Meisterschafts-regatta auf dem bayerischen Tegernsee. Mitunter müssen die Teilnehmer so wie hier früh aus dem Bett, denn morgens weht bei Schönwetterlagen oft ein herrlicher thermischer Südwind. Der schläft im Laufe des Vormittags zwar wieder ein, wird aber schon bald durch eine gegenläufige Thermik aus Nordost ersetzt.

470
E 228

Licht- und Schattenspiele auf dem Achensee in Tirol. Der Bergsee nahe Innsbruck zählt zu den windsichersten Segelrevieren Österreichs. Daher finden hier jedes Jahr viele Regatten statt, und zwar nicht nur für die 470er, die hier unter Spinnaker wie auf flüssigem Gold dahingleiten. Die OK-Jolle (oben) ist dagegen im Norden stärker verbreitet.

Mit Windstärke 6 bläst die Ora in den nördlichen Teil des Gardasees und sorgt bei einer FD-Regatta vor Torbole für ein feuchtes Vergnügen. Die von dem Holländer van Essen konstruierte Zweimannjolle war seit 1960 olympisch und wurde erst in Sydney 2000 vom 49er abgelöst. Im Jahre 2002 konnte der nach wie vor sehr beliebte »Fliegende Holländer« sein 50-jähriges Jubiläum feiern.

Die seit Sydney 2000 olympische Zweimannjolle 49er (benannt nach ihrer Länge von 4,90 Meter) verkörpert die jüngste Generation des Jollensegelns.

Es bedarf schon beträchtlicher Geschicklichkeit und eines guten Reaktionsvermögens, um so ein Schiff unter Gennaker perfekt zu beherrschen.

Dyas-Regatta auf dem bayerischen Walchensee. Das von Helmut Stöberl gezeichnete Zweimann-Kielboot erfreut sich im Alpenraum sowohl als Freizeit- wie auch als Regattaboot großer Beliebtheit.
Der fast 200 Meter tiefe, ringsum von Bergen umgebene Walchensee zählt zu den schönsten und windsichersten Segelrevieren Süddeutschlands.

Soling-Dramatik unter Spinnaker.
Das Dreimann-Kielboot hatte 1972 in Kiel seinen ersten und 2000 in Sydney seinen letzten olympischen Auftritt. Die Abwahl des populären Bootes zugunsten des vom gleichen Konstrukteur gezeichneten Yngling kam für viele überraschend.

AUT 821
GER 3545

SCHAUKEL

Korsare (links und links unten, vor Seebruck) und FD an der Raumtonne. Auf den meisten internationalen Regatten gibt es die Kurse mit den drei Wendemarken nicht mehr. Schade, denn gerade an der Raumtonne spielen sich beim Halsen oft die spektakulärsten Szenen ab – zumindest für die Fotografen.

Eine äußerst attraktive Bereicherung der Regattaszene im Alpenraum bilden die Libera-Yachten, bei denen außer einer maximalen Länge von 12,70 Metern und einer maximalen Breite von 7 Metern (inklusive Ausleger) fast alles freigestellt ist.

Die österreichisch-deutsche »Principessa« (rechts) war in den letzten Jahren das erfolgreichste Schiff (hier beim Deutschland-Cup auf dem Chiemsee).

Geballte »Action« beim Deutschland-Cup der Liberas. Beängstigend biegt sich der Karbon-Rüssel der »René Lezard« unter dem Zug des riesigen Gennakers und zwingt alle Mann ins Trapez, um den Krängungsdruck abzufangen und in Geschwindigkeit umzusetzen. Auch die Crews der sieggewohnten »Principessa« (oben) und der Schweizer »Carondimonio« (unten) kämpfen schwer.

Dass Libera-Segeln nicht nur viel Einsatz verlangt, sondern auch Spaß machen kann, zeigt hier die Damencrew der »Italia«.

Schon bei der leichtesten Brise muss die gut gelaunte Damenriege ins Trapez, um zu vermeiden, dass die mit reichlich Tuch bestückte Libera zu viel Lage schiebt.

BBV

Rückblende in die Anfänge des Libera-Segelns. Gerd Müller von der späteren »Telebox« fing mit der bizarren Konstruktion links unten an, die flunderartige »Lev« (rechte Seite oben) war wohl die extremste Version, und der »Haumdaucha« von der Fraueninsel mit seinen bereits in den Rumpf eingeformten »Ohren« (oben) setzte neue Maßstäbe und war jahrelang die erfolgreichste Libera.

Formel-18-Katamarane im Geschwindigkeitsrausch. Die modernen Doppelrümpfer werden natürlich mit Gennaker und Trapez gesegelt.

Ynglinge bei der Europameisterschaft 2001 auf dem Gardasee. Das bereits 1967 von Soling-Konstrukteur Linge entworfene Dreimann-Kielboot kam jetzt unverhofft zu olympischen Ehren.

Aber nicht das männliche Geschlecht darf den »Jüngling« 2004 erstmals über den olympischen Parcours segeln, sondern ausschließlich Damencrews.

Ein Tummelplatz für Experimentierfreudige ist der alljährlich von der Zeitschrift YACHT veranstaltete Speed-Cup. Einer der originellsten Auftritte kam dabei von dieser Motte.

Ihr Eigner Tim Steinlein hatte an den nur 13 Kilo schweren Rumpf Foils montiert, auf deren nur handtellergroßen Flächen sich die Motte ab drei Windstärken übers Wasser hob. Dagegen wirkte sogar einer der schnellen 14-Footer altmodisch.

Nicht weit vom Vierwaldstättersee, der selbst zu den schönsten Segelrevieren der Schweiz zählt, liegt in 2000 Meter Höhe der kleine Melchsee. Hier wird einmal im Jahr auf dem wohl ungewöhnlichsten Regattarevier die vermutlich höchstgelegene Wettfahrt Europas gesegelt. Als Preise gibt es – wen wundert's – meist Kuhglocken.

AVIS

DIE BINNEN-MARATHONS

Herausforderung für »Seen-Segler«

Zu den populärsten und für Teilnehmer wie Zuschauer gleichermaßen faszinierenden Binnen-Marathons zählt die Centomiglia (zu Deutsch: 100 Meilen) auf dem Gardasee. Wenn sich die kleinen und größeren Yachten morgens auf den Weg nach Norden machen, bläst ihnen meist schon ein steifer Vento ins Gesicht. Entschieden wird die berühmte Langstrecke aber meist bei Leichtwind oder gar Flaute, wenn bereits die Nacht hereinbricht. Dabei machen die Liberas (links) den Sieg meist unter sich aus. Nur einmal gewann mit einer Asso 99 (oben) ein Serienschiff die Gesamtwertung.

Die *Bol dór* auf dem Genfer See, die *Centomiglia* auf dem Gardasee oder die *Rund um* auf dem Bodensee: Das sind drei der bekanntesten Langstrecken-Regatten im europäischen Binnenland. Wer hier einmal gesiegt hat, dem ist die Anerkennung der Seglerwelt gewiss.

Gewonnen werden solche Regatten heute natürlich von hoch gezüchteten Hightech-Maschinen. Auf dem Genfer See sind es meist aufwändig und kostenträchtig konstruierte Katamarane und Trimarane, bei der *Centomiglia* oder der *Rund um*, wo Mehrrumpfboote nicht an den Start dürfen, führen zumeist Libera-Yachten das Feld an. Eine Handvoll dieser spektakulären Rennziegen dominiert dabei nicht nur die restliche Konkurrenz, sondern auch das Interesse der Zuschauer und natürlich der Medien. Das Gros der Teilnehmer segelt also stets im Windschatten der Hightech-Renner, da mögen deren seglerische Leistungen noch so bemerkenswert sein.

Manche Veranstalter, etwa der Chiemsee-Yacht-Club, »Erfinder« der bayerischen 24-Stunden-Regatta, haben die modernen Rennziegen inzwischen aus Sicherheitsgründen in ein verkürztes Parallelrennen verbannt. Ihnen war das Risiko, dass irgendwann ein nächtlicher Sturm Menschenleben fordern könnte, dann doch zu groß. Seitdem machen hier mehr oder weniger »konventionelle« Schiffe den Sieg unter sich aus.

Wie dem auch sei, auf viele Skipper – darunter auch solche, die ansonsten eher selten an Regatten teilnehmen – üben die großen und kleinen Binnen-Marathons eine unwiderstehliche Anziehungskraft aus. Einmal über eine längere Distanz, oft auch über Nacht, richtige Seemannschaft zu praktizieren, sich einmal beherzt mit dem Stegnachbarn und gleichen oder ähnlichen Schiffen zu messen, das reizt viele »Häuslschiff-Segler«, wie man die Dickschiff-Kapitäne liebevoll-spöttisch in Bayern nennt. Und im Club ist wieder für einige Zeit für Gesprächsstoff gesorgt.

I-2500

Lebhaftes Treiben mit südländischem Flair herrscht bereits am Vorabend der Cento. Die Häfen von Bogliaco sind so dicht mit Schiffen voll gepackt, dass man trockenen Fußes übers Becken laufen kann. Start ist dann am nächsten Morgen, wenn die Sonne ihre ersten Strahlen über den Monte Baldo schickt.

Wenn der Gardasee zu kochen beginnt, werden Mensch und Material bis an ihre Grenzen gefordert. Das kann der Fall sein, wenn ein am Nordrand der Alpen anrückendes Tiefdruckgebiet den Vento zu Sturmstärke anschwellen lässt. Dann bietet sich im ersten Licht der Morgensonne ein dramatisches Szenario, bei dem es für viele Cento-Akteure nur noch ums Durchhalten geht.

Die »Simsalabim« (rechts) gehörte zu den ersten deutschen Liberas, die bei der Cento antraten. Zu einem Sieg reichte es allerdings nicht. Den schaffte im Jahr 1996 dafür erstmals ein Serienschiff. Eine italienische Asso (unten) überquerte als Erste die Ziellinie, nachdem der stürmische Vento die meisten Liberas zur Aufgabe gezwungen hatte.

Die erfolgreiche italienische »Pleasure« auf der ersten Cento-Kreuz nach Norden. Schon beim Schlepp zum Start ging hier ein Mann über Bord, was auf diesen Turngeräten zwar nichts Ungewöhnliches ist, in der Regatta aber wertvolle Zeit und Plätze kosten kann.

I·81
VE2106D

Wie ein nach Beute jagender Schwertfisch springt die Libera »Grifo« über eine Gardasee-Woge. Die ruhmreichen Tage dieses mehrmaligen Cento-Siegers liegen freilich schon einige Jahre zurück (ganz links). Eher wie ein angriffslustiger weißer Hai nähert sich diese Libera dem ebenfalls schon gut geduschten Fotografenboot (oben). Die Klasse der Asso 99 stellt bei der Cento meist das größte Einzelfeld. Hier gibt es auch wenig Ausfälle, denn die Konstruktion des Italieners Santarelli kann viel Wind vertragen (links).

Wie ein erlegter Wal treibt eine durchgekenterte Libera-Yacht vor dem Palazzo Bettone am Westufer des Gardasees. Vergeblich hat die inzwischen geborgene Mannschaft immer wieder versucht, den Rumpf zu drehen. Ist so ein Schiff erst einmal durchgekentert, wird das Aufrichten zu einer mühsamen Prozedur (oben).

Eine bei Windstärke 7 gekenterte Asso treibt mit dem Bug nach unten im aufgewühlten Wasser. Die Bergung verlief auch hier sehr schwierig.

Keinen Blick für die im Hintergrund vorbeiziehende Konkurrenz hat diese Libera-Crew. Verbissen versucht sie, ihr Schiff wieder aufzurichten. Zum Glück hat`s der dünne Kiel ausgehalten.

PEDRINI

Ein Gewitter nähert sich dem Cento-Feld, das hier noch unter Spinnaker (rechts) nach Süden rauscht. Doch schon kurz nach dieser Aufnahme erwischte eine heftige Bö die deutsche Libera »René Lezard« und legte sie flach (oben). Die querab segelnde »Lillo« (ganz oben) kam gerade noch davon und düste auf dem folgenden Raumschotskurs mit Full Speed übers brodelnde Gardasee-Wasser.

Nicht immer gebärdet sich der Gardasee so wild, und selbst der berüchtigte Vento kann manchmal nur als laues Lüftchen wehen. Im Regelfall geht aber auch ihm meist gegen Mittag die Puste aus, und nach einer mehr oder weniger kurzen Pause setzt aus der Gegenrichtung die noch berühmtere Ora ein. Diesem warmen Südwind, der aus der Poebene in das Seebecken strömt wie in einen Trichter, verdankt der Gardasee seinen Ruf als eines der besten Segelreviere Europas.

Die 24-Stunden-Regatta auf dem Chiemsee ist die älteste Langstreckenwettfahrt auf den bayerischen Seen. Es gab Jahre, in denen 250 Boote und mehr am Start waren.

Inzwischen haben die bayerischen Marathons etwas an Attraktivität verloren, doch vielleicht ist es nur eine Frage der Zeit, bis die alte Begeisterung wieder erwacht.

15
TS 4179

Tagesanbruch bei einer 24-Stunden-Regatta auf dem Chiemsee. Nach einer kalten Nacht durchdringen die ersten Sonnenstrahlen die noch überm Wasser liegenden Nebelbänke und kündigen einen warmen Sommertag an – für manch fröstelnden Segler ein heiß ersehnter Augenblick.

Abendstimmungen bei einer 24-Stunden-Regatta auf dem Ammersee. Stets in Sichtweite der Segler thront überm Ostufer des Sees das weltberühmte Kloster Andechs (unteres Bild).

Ein Besuch des »Heiligen Berges« gehört daher zum Rahmenprogramm jeder größeren Regatta am See – allerdings nicht aus religiösen oder kulturellen Gründen, sondern des süffigen Bieres und der besonderen Atmosphäre wegen.

G
3049
Charivari

GER
4370
GER
4370
ELREX

Stürmischer Start bei der »Rund Um« auf dem Bodensee. Die berühmteste Langstrecke auf dem »Schwäbischen Meer« wurde in den letzten Jahren meist von Libera-Yachten gewonnen.

Unter den klassischen Schiffen ist dagegen oft die »Audifax« mit vorne zu finden. Die edle Holzyacht aus der Martin-Werft zählt zu den schönsten Schiffen auf dem Drei-Länder-See (unten und rechts).

KN 5 1616

Das Feld der »Rund Um« auf der Startkreuz nach Westen – hinein in einen wunderschönen Abendhimmel. Auch den vier- bis fünfhundert teilnehmenden Mannschaften am Bodensee wird eine ganze Portion Seemannschaft abverlangt, denn im Gegensatz zur Centomiglia wird hier nicht morgens, sondern erst am Abend vor Lindau gestartet. Zum Glück sind im Juni die Nächte nicht sehr lang.

Wenn nach einer langen, oft auch kalten Nacht der Morgen dämmert und die Crews langsam wieder den Überblick bekommen, ist die Neugier groß, und die Frage aller Fragen lautet natürlich: Wo segelt die Konkurrenz? Freude und Frust liegen dann oft dicht beisammen. Auch für die ehrenamtlichen Helfer an den Wende- und Kontrollpunkten ist nun das meiste überstanden.

ALBATROS

TRADITIONS-YACHTEN

Schiffe mit Geschichte

Parallel zur Entwicklung immer schnellerer Hightech-Yachten verlief vor allem im Alpenraum schon bald ein gegenläufiger Trend: Die Pflege und Restaurierung – fast könnte man sagen: Kultivierung – von Traditionsschiffen.

Heute gibt es kaum mehr einen größeren See, auf dem nicht jedes Jahr eine oder gar mehrere Oldtimer-Veranstaltungen stattfinden. Natürlich wird auch bei diesen Regatten um den Sieg gekämpft, doch nicht minder wichtig ist die Selbstdarstellung der mit viel Liebe und Zeit auf Hochglanz gebrachten hölzernen Schiffsschönheiten.

Ein nostalgisches Flair umweht diese Oldtimer-Treffen. Man begutachtet akribisch die Schiffe der anderen, tauscht Erfahrungen aus und fühlt sich wohl in einer Gemeinschaft von Gleichgesinnten, deren Interesse nicht permanenter Geschwindigkeitsmaximierung gilt, sondern der Ästhetik traditioneller Linien und Formen aus Holz, dem ältesten Schiffbaustoff der Welt.

Könnten solch betagte Schiffsschönheiten reden, sie würden uns manch aufregende Geschichte erzählen. Denn nicht wenige dieser viel bewunderten Oldtimer, die heute auf dem Bodensee oder anderen bayerischen, österreichischen oder Schweizer Seen segeln, haben einen großen Teil ihres Daseins im Salzwasser verbracht, ehe ein nostalgisch veranlagter Schiffsästhet aus dem Binnenland sie entdeckte und ins Süßwasser verfrachtete.

Die Geschichten dieser Schiffe sind immer auch Geschichten ihrer Eigner. Mitunter scheinen es fast schicksalshafte Beziehungen zu sein, die sie zueinander führen. Nur so ist der materielle und zeitliche Aufwand zu erklären, den diese Enthusiasten oft investieren, ehe die Objekte ihrer Passion wieder so aussehen, als wären sie gestern erst vom Stapel gelaufen.

Ein Mann und sein Schiff: Das kann offenbar wie eine innige Beziehung zu einer schönen Frau sein. Vielleicht haben Schiffe ja deshalb meistens Frauennamen.

Rund 100 Jahre hat die »Albatros«, das älteste Segelschiff auf dem Ammersee, inzwischen auf dem Kiel. Und dazu eine bewegte Geschichte. Zar Nikolaus II. gab die Yawl 1905 bei dem Hamburger Schiffbauer Max Oertz in Auftrag und machte sie König Wilhelm II. von Württemberg zum Geschenk. 1936 erwarb sie Heinrich Seidl, der langjährige Inhaber der Ammersee-Segelschule, als Flaggschiff für seine Schulflotte, in der sie bis heute ihren Dienst tut.

Kaiserwetter bei der Flaggenparade anlässlich der Bodensee-Traditionswoche.

Der Hafen des bereits seit 1895 bestehenden Bregenzer Segelclubs ist die erste Station der Oldtimer-Flotte, ehe sie in Distanzwettfahrten über Arbon am Schweizer Ufer und Friedrichshafen (rechtes Bild) ihren Zielhafen Lindau ansteuert.

Auch auf dem »Meer« der Ungarn, dem Balatonsee, gibt es viele Traditionsyachten. Vor allem die Schärenkreuzer sind hier sehr beliebt (links).

Kurz vor dem Start zu einer Wettfahrt bei der Bodensee-Traditionswoche. Auf dem großen Bild vorne die 1911 gebaute 6-Meter-R-Yacht »Audifax« (K 22), und rechts von ihr im Hintergrund (H 6) die im gleichen Jahr erbaute 8-Meter-R-Yacht »Bayern II«, zwei der bekanntesten »Oldies« auf dem Bodensee.
Noch »ziehen« die Segel etwas bei der Distanzwettfahrt vom österreichischen Bregenz zum schweizerischen Arbon (oben). Doch wer weiß, wie lange noch, denn so herrliches Kaiserwetter ist leider oft mit Flaute verbunden.

Die »Elfe II«, eine im Jahr 1912 bei Abeking & Rasmussen gebaute 8-Meter-R-Yacht mit Spreizgaffelrigg, ist eines der bekanntesten und auch imposantesten Schiffe auf dem Bodensee. Ob vor Schloss Montfort kreuzend oder unter ihrem riesigen Spinnaker vor ihrem Heimathafen Lindau: Die Ketsch zieht stets die Blicke auf sich.

H9

Ein Schiff mit großer Geschichte ist die 8-Meter-R-Yacht »Bera«. 1922 von dem bekannten norwegischen Konstrukteur Johan Anker gezeichnet, ersegelte sie bereits zwei Jahre später bei den Segelwettbewerben vor Le Havre während der Olympischen Spiele von Paris die Goldmedaille für Norwegen.

Über 40 Jahre lang war die Yacht so erfolgreich, dass sie bald nur noch »Gold-Achter« genannt wurde. 1961 gelangte sie nach Dänemark, sank aber erst einmal beim Überführungstörn, wurde gehoben und von ihrem neuen dänischen Eigner liebevoll restauriert. Erst 1990 bekam »Bera« erstmals Kontakt mit Süßwasser, als eine österreichische Seglerfamilie sie an den Bodensee nach Bregenz holte, wo sie bis heute ihren Heimathafen hat.

30-m^2-Schärenkreuzer beim Classic-Cup auf dem Bodensee. Die Ende des 19. Jahrhunderts in Schweden entstandene Konstruktionsklasse, deren Bauvorschriften relativ große Freiheiten lassen, hat auf dem Dreiländersee viele Freunde.

30
OE 38

Noch einmal Schärenkreuzer bei Starkwind auf dem Bodensee. Während der 1929 in Schweden gebaute 30er »Hafis« mit seiner beeindruckend ausladenden Heckpartie auf raumem Kurs noch recht trocken segelt, ist das Vergnügen bei dem hoch am Wind segelnden 30er schon erheblich feuchter.

Zu den längsten und stattlichsten Yachten am Bodensee zählt der 75 m²-Schärenkreuzer »Benny« (oben und links). Angesichts des schlanken Vorschiffs bedarf es schon einiger Geschicklichkeit, um die riesige Leichtwetter-Genua ohne Wasserberührung zu bergen.

Da hat die junge Dame auf dem Oldtimer ganz links schon etwas mehr Platz, doch dafür bläst ihr erheblich mehr Wind um die Ohren.

Was für die Traditionalisten auf dem Bodensee die dortige Segelwoche, ist für die Liebhaber alter Schiffe auf den bayerischen Seen die Münchener Woche auf dem Starnberger See. Nostalgisches Flair umweht dann den Hafen des Münchener Yacht-Clubs (rechts), ehe die Flotte zur letzten Wettfahrt um den Vidi-Pokal ausläuft.
Die drei weiteren Stationen der Segelwoche sind der Yacht-Club Ambach, der Deutsche Touring-Yacht-Club und der Bayerische Yacht-Club. Der 1888 gegründete, ehemals königliche Bayerische Yacht-Club in Starnberg ist der älteste Segelverein Bayerns.

Die 6-Meter-Rennyacht »Trix«, stilvoll mit Riemen aus dem Hafen gerudert und immer noch bestens in Schuss, ist das wohl älteste Schiff der Flotte. Die 1901 gebaute Yacht soll das erste Segelboot im Südteil des Starnberger Sees gewesen sein.

6

S
56
H
123

Gewitterstimmung kurz vorm Start. Diese Sonderklasse gehört zu den schönsten Oldtimern am Starnberger See (links). Ebenfalls auf dem Starnberger See feierte die bekannteste 20-m^2-Rennjolle große Triumphe. Die berühmte »Aero II« von Seglerlegende Dr. Manfred Curry ist von einem Enthusiasten aufwändig restauriert worden und segelt jetzt originalgetreu mit Curry-Bremse am Ruder auf dem Waginger See (oben).

Noch einmal die »Elfe II«, diesmal als Gast bei der Münchener Woche. Nach gemütlichem Start hat der Wind aufgefrischt und lässt die immer noch unter Vollzeug segelnde Ketsch bereits gefährlich mit dem Schandeck durchs Wasser pflügen. Doch der Crew scheint's Spaß zu machen. Die vom Ammersee angereiste Yawl »Albatros« hat bereits den Besan weggenommen (unten rechts).

Angesichts dieser Bilder werden die Vorzüge einer modernen Jolle unübersehbar. So eine mit edlem Holz beplankte 20-m^2-Rennjolle mag segelnd eine optische Augenweide sein, doch kentern sollte man mit ihr besser nicht. Denn zumeist erweist sich das Aufrichten ohne fremde Hilfe als mühsames, wenn nicht gar aussichtsloses Unterfangen.

Altes Schiff mit modernster Besegelung: Bei diesem bereits mit Restaurationspreisen dekorierten 45-m^2-Nationalen Kreuzer ist alles originalgetreu. Das ist für den Eigner jedoch kein Grund, sein Schiff nicht noch mit einem farbenfrohen Blister auszustatten (oben).
Eine Sonderklassen-Hochburg ist der Attersee im österreichischen Salzkammergut.
Vor allem der bereits 1886 gegründete Union Yacht-Club, mit einer der ältesten Segelvereine Österreichs, widmet sich der Traditionsklasse.

S68

Elegant wie ein übers Wasser gleitender Schwertfisch wirkt dieses maritime Schmuckstück namens »Tre Sang«. Der 13 Meter lange (davon 5 Meter über der Wasserlinie) und nur 2,17 Meter breite 30-m²-Schärenkreuzer entstand 1934 in Schweden.

Erst vor wenigen Jahren wurde er in England von seinem jetzigen Eigner entdeckt und an den Ammersee gebracht. Nach liebevoller, aufwändiger Restaurierung gleicht »Tre Sang« heute wieder in jeder Hinsicht dem Original und lässt das Herz jedes Klassiker-Fans höher schlagen.

317
215
75
310
100
298

Eine erstaunliche Renaissance erlebt seit Jahren die Chiemsee-Plätte (hier vor der Fraueninsel, wo sie ihren Ursprung hat). Das einstige Arbeitsboot der Chiemseefischer mit simpler Lugger-Takelage und Steckschwert ist unter den Seglern am »Bayerischen Meer« bis hinüber zum Starnberger See beinahe schon zu einem Kultboot avanciert. Bei Regatten sind Felder von 50 Booten und mehr nichts Besonderes mehr. Und seitdem die Plätten 2001 beim Classic-Cup in Kiel mit fast 70 Booten einfielen und eine davon sogar den Cup gewann, kennt man sie selbst im hohen Norden.

Weiße Segel und weiße Wolken: Was für den Laien recht reizvoll aussehen mag, bereitete den Teilnehmern des beliebten Oldtimer-Treffs vor Feldwies auf dem Chiemsee hier weniger Freude. Ihnen wäre etwas mehr Wind und dafür nicht ganz so viel Sonne wohl lieber gewesen.

S
20
Z
431

Zweimal Traditionsschiffe – und doch zwei Welten. Während mit der alten, gaffelgetakelten Wanderjolle wirklich nur noch »gewandert« wird, zählt der 40-m²-Schärenkreuzer »Xenophon« mit seiner modernen Segelgarderobe bei Regatten meist zum Favoritenkreis.